DEVENIR LIBRE
grâce à Internet

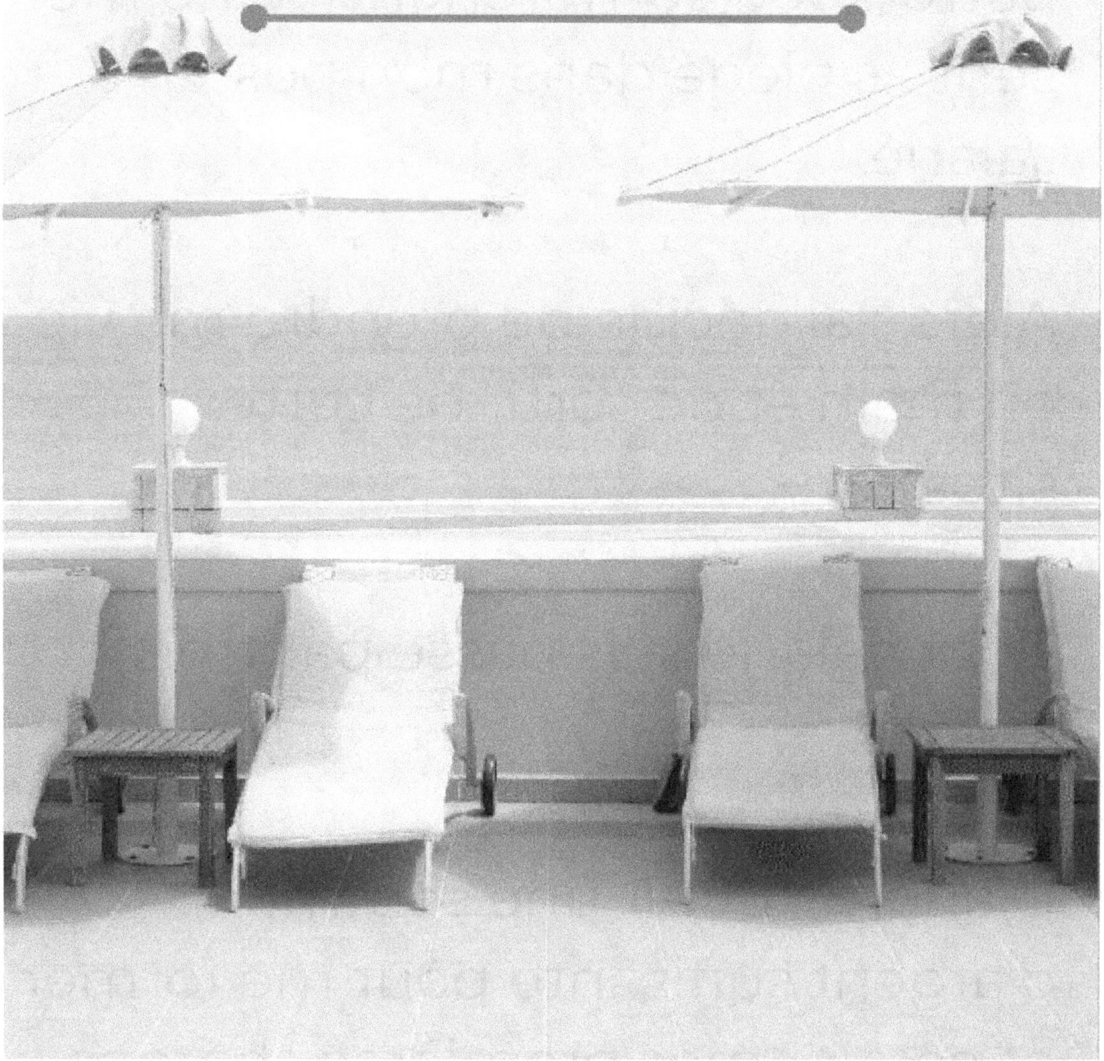

Devenir Libre grâce à Internet

Il y a quelques années, je m'ennuyais dans mon travail.

Je devais répondre aux ordres d'un patron peu compréhensif et je me sentais piégé dans mon poste salarié.

Alors, j'ai décidé de prendre ma vie en main et de sortir de cette situation.

Pour cela, je suis passé par trois étapes.

D'abord, réunir une somme d'argent suffisante pour me former et couvrir mes premières charges.

Ensuite, j'ai suivi des formations qui m'ont permis d'avoir les compétences pour ma future activité.

Enfin, j'ai pu démarrer mon activité de vente digitale et la faire prospérer.

Aujourd'hui, je ne regrette pas les efforts que j'ai fournis.

Je vais vous expliquer comment faire de même simplement.

Étape 1 - Comment réunir un capital de départ ?

Découvrez comment gagner jusqu'à 3 000€ par mois depuis le confort de chez vous

Vous cherchez un moyen de générer des revenus complémentaires sans avoir à sortir de chez vous ?

Avec ces 3 secrets tout simples, vous pourriez bien forcer Youtube à vous verser jusqu'à 3 000€ par mois en automatique. <u>Cette nouvelle vidéo</u> va vous aider à encaisser cet argent tous les mois… sans expertise technique, sans montrer votre visage, et sans diplômes.

<u>Cliquez ici pour voir comment encaisser vos 3 000€ tous les mois >></u>

Pour démarrer, vous devez évaluer la somme qu'il vous faudra pour assumer financièrement les dépenses à venir.

Renseignez-vous sur les formations et leur prix pour établir un budget.

Ensuite, il faut mettre de côté cet argent le plus vite possible.

Mettre en vente des objets

Les sites de revente entre particuliers sont nombreux.
Le plus connu, Leboncoin, brasse environ 6,5 millions de visiteurs uniques par jour.

Faites le tour des pièces de la maison et triez les objets en mettant de côté ceux qui servent encore et emmenez ceux qui prennent la poussière depuis longtemps.

Pour les mettre en vente, regardez les prix pratiqués par la concurrence pour ce type de produits d'occasion et alignez vous.

Afin de faire des ventes plus rapidement, soignez votre annonce.

Nettoyez soigneusement les objets, prenez des photos qui les mettent en valeur, établissez une description avantageuse et honnête.

C'est aussi un bon entrainement pour votre future carrière.

Faire des microservices sur 5euros

La quantité d'objet à revendre en stock n'est pas illimitée, mais vous pouvez consacrer du temps à votre projet et le transformer en argent.

Pour cela, les sites de services entre particuliers sont particulièrement pratiques.

Le site 5euros vous permet de rendre des services à vos voisins pour une petite somme.

En consacrant quelques heures par semaine à cela, vous allez rapidement augmenter votre capital de départ.

En moyenne, les utilisateurs de ce type de site gagnent 280 euros par mois.

Là encore, votre profil doit inspirer confiance.

N'hésitez pas à parler de votre projet, les gens apprécient les personnes volontaires et débrouillardes.

Etape 2 - Utiliser votre capital pour vous former

Pour commencer une nouvelle activité, il ne faut pas se lancer n'importe comment.

Des formations de base vont vous éviter de faire les mauvais choix qui risqueraient de vous faire perdre votre capital sans aucune rentrée d'argent.

Compétence 1 : Apprendre à coder

Vous n'allez pas croire ce qu'on a essayé de vous cacher pendant les 10 dernières années

Pour la première fois, Rodolphe Metayer révèle un <u>logiciel secret</u> qui aurait pu vous rapporter jusqu'à 513€ par jour au cours des dernières années.

Il vous montre comment il s'en est servi pour gagner sa vie en mode automatique…
Et maintenant que la porte est ouverte, rien ne vous empêche d'en profiter aussi pour faire grossir votre compte en banque.

<u>Cliquez ici pour découvrir ce logiciel secret qui déjà rendu des dizaines de français riches >></u>

Dans le digital, le code est la compétence obligatoire à développer.

Grâce à cela, vous pouvez réaliser des sites internet, analyser des données et développer vous même des programmes informatiques.

N'oubliez pas votre objectif : vous libérer.

En n'étant pas dépendant de prestataires externes, vous serez d'autant plus sûrs d'avoir la vie dont vous rêvez.

De plus, on considère qu'il manquait en 2020 environ 80 000 personnes possédant cette compétence.

Savoir réaliser cette tâche vous-même représente donc un gain de temps considérable.

Compétence 2 : Apprendre à vendre

Vous pouvez développer le meilleur programme qui existe, il faut savoir persuader les investisseurs et les acheteurs que c'est vraiment celui qu'il leur faut.

Pour cela, des compétences de commercial et de vendeur sont indispensables.

Certains les possèdent naturellement, mais pour d'autres il

faut apprendre auprès de professionnels.

Selon une étude, 80 % des ventes sont réalisées par 20 % des vendeurs.

Les formations en techniques de ventes sont très efficaces et vous donneront les clés pour convaincre.

Un peu d'entraînement et vous serez capable de donner des arguments en faveur de vos produits, de répondre aux craintes des acheteurs et de finaliser vos ventes avec de très bons taux de réussite.

Compétence 3 : Apprendre le référencement

Avoir un bon produit c'est bien, encore faut-il que le gens le connaissent.

Internet est le premier lieu sur lequel les gens font leur shopping.

La multitude de sites disponibles fait qu'il faut savoir se démarquer pour être visible.

Le référencement SEO est là pour ça.

C'est une façon de constituer un site qui fait comprendre à google ou aux autres moteurs de recherche que votre page est plus pertinente que les autres et qu'il faut donc la montrer en premier.

Or 75 % des personnes ne vont jamais au-delà de la première page de résultats.

Apparaître sur cette page et si possible en premier résultat est donc capital.

Se former en SEO est la troisième compétence à absolument avoir pour démarrer dans le digital.

Etape 3 - Vendre des produits digitaux

Maintenant que vous savez comment vendre, il faut que vous trouviez en vous ce que vous avez à apporter à vos prospects.

Les ebooks

Comment écrire et publier un livre en 10 JOURS

Découvrez comment sortir et vendre un livre en 10 jours, même si vous détestez écrire… grâce à un plan d'action simple et efficace.

Imaginez si vous pouviez, en seulement 10 jours, avoir un livre captivant, prêt à être vendu et lu par des milliers de personnes…

Imaginez ouvrir votre boite aux lettres et découvrir à l'intérieur d'une enveloppe molletonnée votre création au format papier avec une couverture digne des plus grands best-sellers…

Imaginez cette fierté d'avoir enfin fini et concrétisé ce projet de sortir livre…

Vous n'avez qu'à cliquer ici pour en savoir plus [NOUVEAU] >>

La vente de ce format de livre a augmenté de 5.1 % entre 2017 et 2018 et a continué sa progression depuis.

C'est un bon moyen de transmettre des connaissances et de faire du chiffre.

La rédaction va demander quelques heures de travail et un peu de mise en page, mais lorsqu'il sera fini, vous pourrez le vendre indéfiniment.

Déterminez quelle est votre cible et par vos compétences en référencement et vente, placez-le aux endroits où les clients vont le chercher.

Grâce à l'aspect dématérialisé de ce format, vous n'aurez pas besoin de payer une impression, ni un éditeur.

Les formations

(Livre Gratuit) Il ne reste plus beaucoup de temps...

Gagner sa vie sur Internet, ce n'est pas forcément FACILE. Il existe pas mal de pièges, de mauvaises idées et d'erreurs qui éliminent 94% des débutants.

C'est justement pour cette raison qu'un entrepreneur du web à succès (+ de 3 millions d'euros générés) a écrit ce livre.

Il vous apprend comment rendre lucratif n'importe quel business Internet... grâce à des techniques souvent controversées.

Prenez votre exemplaire GRATUIT tant qu'il en reste
Nombre d'exemplaires limité - n'attendez pas

Si vous avez pris suffisamment d'assurance, vous pouvez organiser des séminaires de formation pour un petit groupe de personnes, ou bien une assemblée entière.

51 % des français ont suivi une formation en 2016.

Cela vous donne tout de même environ 34 millions de clients potentiels.

Ce mode de transmission est une façon de vous rapprocher des personnes que vous touchez et de mieux comprendre leurs besoins.

Ainsi, vous aurez certainement d'autres idées de futurs ebooks à rédiger.

Le coaching

Êtes-vous la bonne personne ?

Ce club privé qui comptabilise aujourd'hui plus de 1430 membres permet à certaines personnes de gagner des milliers d'euros sur Internet.

Mais pour faire partie du club, vous devez être validé.
Et pour être validé, vous devez passer ce quizz...
Si vous êtes refusé, c'est que cela n'est pas pour vous.

Si par contre vous êtes accepté, vous allez pouvoir découvrir comment ces 1430 autres personnes profitent de stratégies originales et inédites pour encaisser des revenus sur le web.

Cliquez ici pour passer le questionnaire >>

C'est la version personnalisée de la formation.

Le but étant de suivre directement une personne lors de sessions de motivation et de conseils pour la guider dans ses choix et ses activités.

Encore une fois, cette façon de travailler ne vous demande aucun investissement financier, mais peu vous rapporter de bons revenus.

En effet, le tarif horaire démarre entre 200 et 300 euros de l'heure et monte facilement à 700 euros par heure.

Conclusion

En alliant ces trois techniques, vous dégagerez facilement des revenus très confortables, vous donnant un bon niveau de vie et la possibilité de disposer de votre temps comme vous l'entendez.

www.ingramcontent.com/pod-product-compliance
Lightning Source LLC
Chambersburg PA
CBHW080821220526
45466CB00011BB/3647